THE ARCHITECTURE SCHOOL SURVIVAL GUIDE

建筑学专业
学生职业生涯指南

[英]伊恩·杰克逊 著

杨至德 译

中国建筑工业出版社

导言

　　这本建筑学职业生涯指南将有助于你以及你的图纸更有效地沟通，每一页都在建筑的基本原理上提供必要的建议——通过使用这些技巧、原理和指南来指导你自己的设计。在建筑设计评审中，学生通常会花太多的时间来解释他们的观点并反驳误解，因此很少有机会来讨论建筑的优点和提案内容。不要让基本的绘图遗漏和简单的疏忽使好的策划失色。

　　本书的主要目的是帮助你在你的设计课上提高你沟通和表达思想的能力。在这里，大多数你读到的和看到的都在世界各地的建筑课程中每天被讨论，被当作课程辅导及评审之前的备忘录，因此你可以参与这些更愉快且更具挑战的设计空间的任务，并轻松的表述你想表达的。

环绕我们的世界

探险涉猎

❶ 复印、下载或者打印一份地图，可以是邻里社区地图、城市分区图，或者城市地图。

❷ 用记号笔，在地图上签你的名字，穿越地图。

❸ 签名所形成的路线，就是你要进行探索的区域。

❹ 沿着这条线路走一走，把所观察到的东西记录下来，尽可能地遵守签名所形成的路线。

这样做的目的，就是要对你所熟悉的场地进行重新探索。选择一条不经常通过的路线，只是进行观察和探索，希望有新的发现，有意想不到的事情出现，而没有其他任何目的。对您的观察进行记录，可以拍摄照片或者绘制草图。有可能会迷路，思想上要有准备，可以通过建筑和空间来判别方向。你将会重新审视这座城市，在街道两侧和小巷，遇到非常有趣的事情，找到意想不到的连接，发现通向新领域的入口。

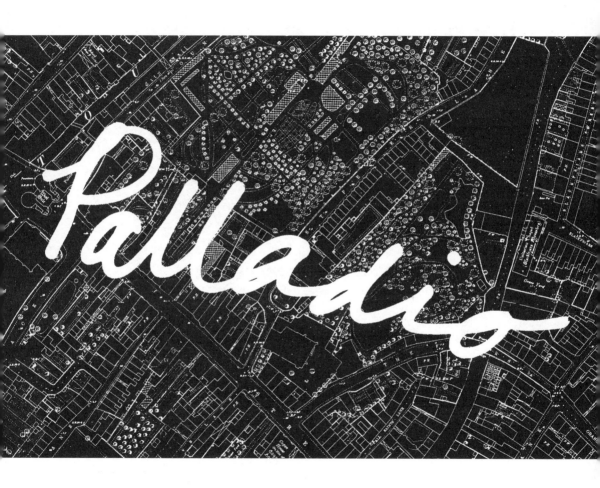

带上笔记本/日记本

随身携带速写本是必需的。此外，还要带上笔记本或者日记本。不要购买那种特制的每页一周的日记本。这种日记本，有国家假日列表，封面就像帽子般大小。你们需要的是带有横线或者方格的笔记本 – 莫兹凯（Moleskine）、迈格马（Magma），或者其他类似品牌的都可以，规格大约为 140mm × 90mm ($5^1/_2 × 3^1/_2$ 英尺）。用这个笔记本记录你的思想、想法和梦想。你每天的工作计划、制作模型需要购买的各种材料、需用到图书馆查找的材料以及各种辅导记录等等，都可以写在上面。大多数这样的笔记本在背面都会有一个小口袋，可以放置各种票据、名片，以及纪念品等。对每一个笔记本、每一页，都编上号，写上日期。一个笔记本在一个月内用完。这个小小的笔记本，就是你的思想宝库。它还能够记录你的设计过程，在建筑学院学习，这一项工作是非常重要的。

设定一些目标并制定一个清单：

我想要实现什么 / 今天 / 周五 / 这个月末 / 在死之前

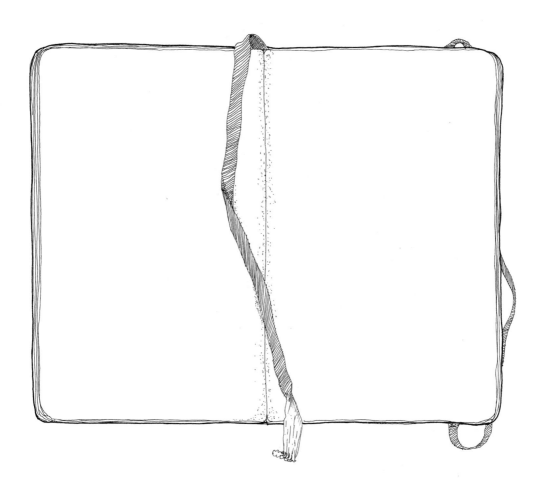

实地考察：在城市中航行

组织实地考察，是建筑学专业教学的一个重要组成部分。你不仅能够对一座新城市及其所有迷人的地方进行探索，而且能够加深友谊，创建新的城市。实地考察能够让你突破所熟悉的工作室环境，面对新体系和新建筑，产生新思想。充分利用实地考察的机会，多拍照，多绘制草图。

还可以制定一份每周一次的当地旅行计划，你计划参观的展览会、艺术馆、音乐会，以及当地城市中其他重要场所。这些活动将会把你的思想暂时从工作室项目中解脱出来，接触到更广泛的环境和领域以及各种不同的新的思维方式。

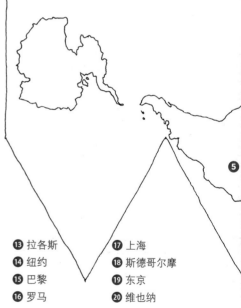

每一位建筑师，都应该体验下面这些城市：

❶ 雅典	❺ 巴西利亚	❾ 佛罗伦萨	⓭ 拉各斯	⓱ 上海
❷ 艾哈迈达巴德	❻ 昌迪加尔	❿ 赫尔辛基	⓮ 纽约	⓲ 斯德哥尔摩
❸ 巴塞罗那	❼ 芝加哥	⓫ 香港	⓯ 巴黎	⓳ 东京
❹ 柏林	❽ 哥本哈根	⓬ 拉斯维加斯	⓰ 罗马	⓴ 维也纳

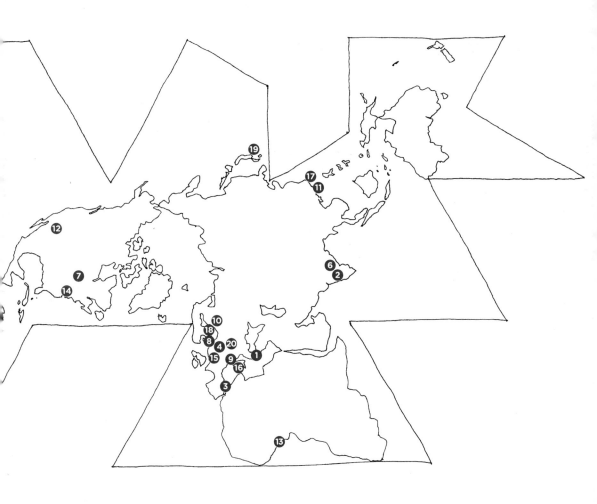

建筑物的一张照片并不是建筑

在精美的杂志和精装书上所刊登的建筑照片，一定要小心对待。建筑的一张照片并不是建筑——更像是精心策划的舞台形象。建筑摄影，选择特殊的角度，光线完美，在蔚蓝色天空的衬托下，看起来就像是建筑本身。还可以对照片进行修改，加强透视效果，或者把污点和瑕疵去掉。通过各种方式来享受建筑摄影的影响和魅力，但是，总要试着去参观一栋建筑，或者至少查阅看看平面图和剖面图，以便进一步了解该建筑。

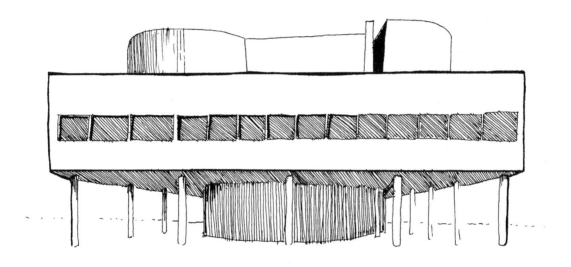

速写

尽管我们生活在这个时代——高质量的渲染图和 3D 计算机模型很容易获得，但是，这些都无法与速写相提并论。速写可以很快地吸引潜在的客户，向同行和其他专业人员表达自己的观点，并有助于在现场解决相关的争论和误解。速写还令人感到愉快，但是，速写技巧需要培养和训练。每天 10~15 分钟的训练，会起到意想不到的效果。

刚开始绘制的时候，可以采用非常软的铅笔（9B）或者碳素笔。绘制之前，至少花上 2~3 分钟的时间仔细地观察对象。放松，不必担心结果。实际上，速写就是观察，或者"学会观察"，不是为了展示。

阅读

　　你需要阅读有关建筑和建筑师方面的书籍，这一点很重要。有大量传统的建筑出版物，可以到图书馆或者二手书店去寻找，试图成为一名藏书家。每天至少拿出 30 分钟的时间用于阅读。从建筑期刊、专著和理论书籍中所获得的良好知识，将有助于你对自己的设计增加新思想、历史语境和更大的复杂性。

乡土建筑

　　仔细观察一个地方的乡土建筑，你就会学到很多东西，特别是与当地气候和环境相适应的材料和形式。乡土建筑在美学和建筑质量方面具有持久性。檐角、楣梁（门窗的上部水平支撑）、窗台和窗口，对每座建筑来说都是很重要的。在这里，特别是由琢石所形成的檐角，不仅为建筑带来力的支撑，而且还可以看作是"大写字母"或者"句号"，帮助构成建筑框架，体现出建筑形态。材料与形态相结合，或者二者发生变化的地方，一定要特别注意。实际工作中，需要注意这些地方气候的变化。在视觉上也很重要，设计立面时，需要特别加以考虑。采用当地材料和建筑形式，会使你的设计更加丰富多彩。

密度

密度可以表现出各种不同的情况，这是一个经常被误解的概念。例如，高层建筑，假如处于大型开放的地块当中，就不必要采用高密度。看看对面的三个实例。在这三个实例中，每公顷住宅单元数量相等，但是，对于使用者来说却具有不同的生活条件。中层设计方案，具有各种不同类型和大小的住房，能够提供共享空间和私人花园空间。从统计学上来说，每公顷居住的人数，比每公顷住宅单元数量更有用。不管哪一种情况，住房和居住者的分布也是一个重要因素。

没有绿地的低层

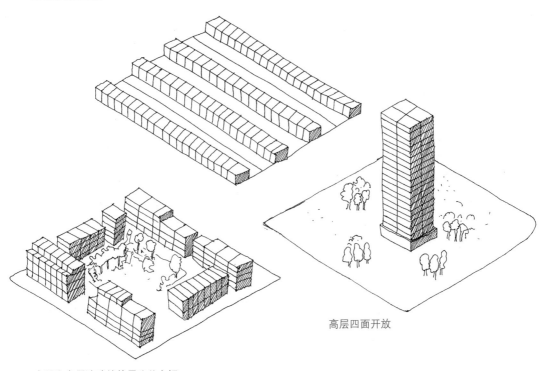

中层和多用途建筑使用公共空间

高层四面开放

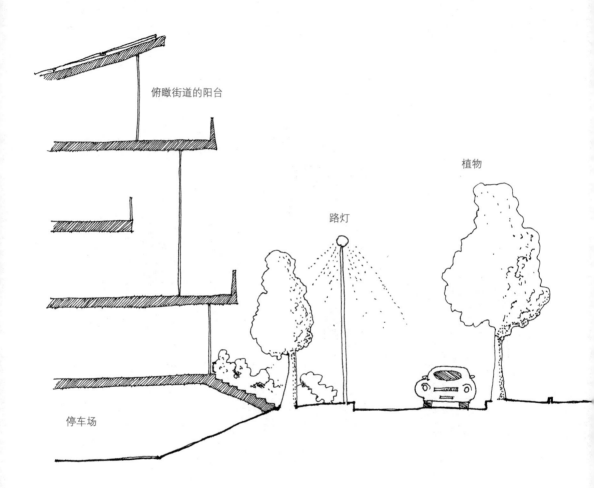

俯瞰街道的阳台

植物

路灯

停车场

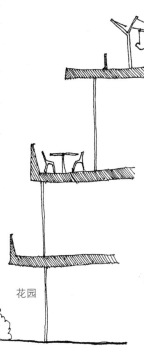

阳台空间最小 2 米

花园

街道

　　街道应该是令人激动的场所，充满生机和活力。黑暗、隔离、不经常使用的、面向汽车的街道，应该避免。这种街道通常比较危险，让人感到不愉快。街道需要多种不同的空间，分别供行人、骑自行车的人和车辆交通使用。应该光线充足，绿树成行，并配置有结实的家具。但是，要避免过多的设置栏杆或者交通减速装置。鼓励综合应用，创造"主动性街面"，在底层和上层住房包括多种空间，如工作、零售和娱乐等。必须为小汽车设计合适的停车场地、合理地设计步行道和公共空间。

等高线与坡地

　　尽可能地尝试探索带有自然特征的场地，特别是那种标高有变化的场地。开发商和房屋建造商有可能认为，坡地会带来许多问题。但是，对于建筑师来说，在创造令人激动的建筑方面，具有巨大的潜力。假如你的设计，与场地等高线平行，那么，就很容易找到解决方案，成本也会降低，整体观感也会更好（见图 Ⓐ）。楼板层与坡面等高线垂直，就可以创造出半平面、双层高度的室内空间（Ⓑ）。或许还可以把建筑放置在架空立柱上（Ⓒ），这可以采用悬臂从斜坡向外挑出。还有一种可行的方法，把建筑的一部分埋起来，从屋顶进入（Ⓓ）。因建筑而挖出的土壤，可以用于填充其他地方。

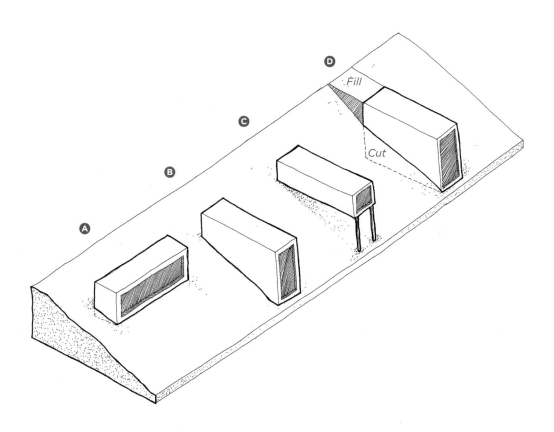

Fill

Cut

范例研究

每一栋建筑都是定制的原型建筑，没有两栋建筑在细部上是完全相同的。然而，你研究一下其他建筑师是如何解决类似的问题，却是非常重要的。

建筑范例研究，重点考虑以下三个方面：

❶ 功能类型学。假如你正在设计一座博物馆，看看其他博物馆是如何设计和规划的。展览空间是如何安排的？是否有预先设置的参观路线，或者是需要游客自己探索？

❷ 材料类型学。根据你计划使用的材料，查一下已经建成的建筑的细部和结构解决方案。

❸ 形式类型学。假如你的场地非常狭窄，看一看其他类似的项目。如果你设计一座庭院式建筑，那么就研究一下其他庭院建筑，而不管它的功能如何。

把你的发现摆出来，对一些重要的方面进行总结，这在你的设计中可能会用到。不是要简单地对其他建筑进行复制，而是要采用相同的设计原理。

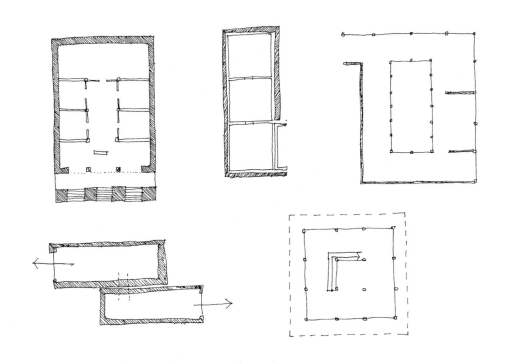

功能类型学：将同一种功能类型的例子收集在一起，并比较它们是如何布置的。这里有五个博物馆类型——每一种实现相同的功能，但设计的方法完全不同。它们以相同的比例绘制以便于比较。

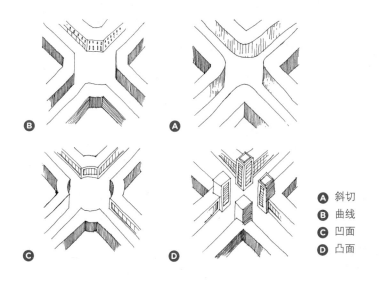

A 斜切
B 曲线
C 凹面
D 凸面

拐角

　　拐角在街道和街区的形成上是非常重要的，需要慎重设计。拐角就是两条街道的交接处，牵扯到交通路线。对建筑设计来说，也提供了非常好的机会。你的设计如何处理拐角？是对它加以强化——当作街道上的一个大写字母，还是采用45°斜切（斜边）或曲线，使锐利的边缘得以钝化？

100个拐角

在速写本上，绘制100座建筑，创建一个街角。在材料和形式选择方面，如何应对这些拐角？

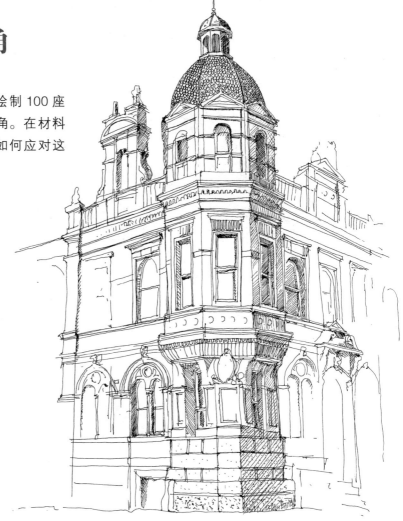

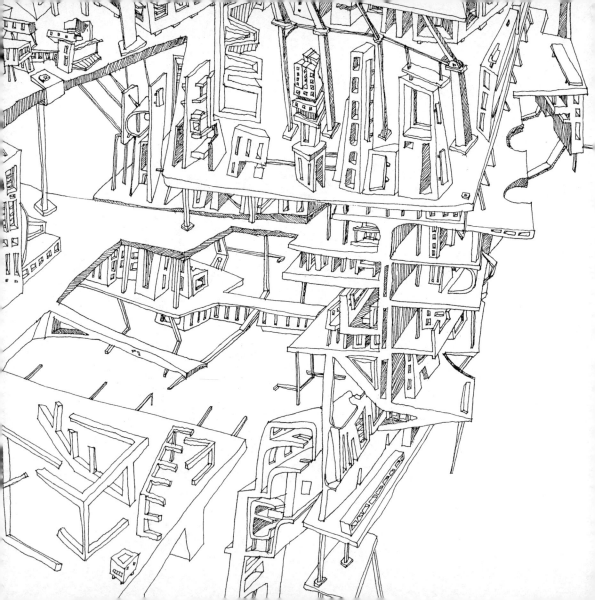

为娱乐作画

　　没有固定的日程、没有设计方面的问题需要解决，也没有特别的主题需要表现。在这种状态下，随意地涂写，也是一种不错的方式。随意绘制、胡乱涂写，或者创造一些想象中的场地、建筑物和其他物体，都是很好的放松方法，能够带来潜意识的出现。当你被某个问题所困扰，或者感到缺乏动力的时候，可以着手画一些想象中的街道和建筑。长期坚持下去，你的思想就会越来越明晰，一组激动人心的绘画作品就会呈现在你的面前。

场地规划

在你的方案汇报中，一定要包括一张场地规划图，体现出与周边邻里社区的广泛联系。关键性的地标、有代表性的自然特征比如河流等，都要在场地规划图上表现出来。这样，在对你的方案进行评价时，很容易找到场地。场地规划图上还应该包括方向箭头和注释，说明与现有景观和交通路线之间的关系，以及与街道与城市分区之间的连接。北一定要指向上方。场地规划图通常采用 1：1250 或 1：12500 的比例（见 49 页）。

❶ 主要自然特征（比如河流）
❷ 交通（例如火车、有轨电车、轮船、运河等）
❸ 绿色空间 / 公园
❹ 公共空间 / 纪念场所
❺ 重要的历史性建筑
❻ 城市分区（例如北区、红灯区、贫民区、中心商务区）
❼ 观察点
❽ 问题（噪声、繁忙的道路、失去的机会）

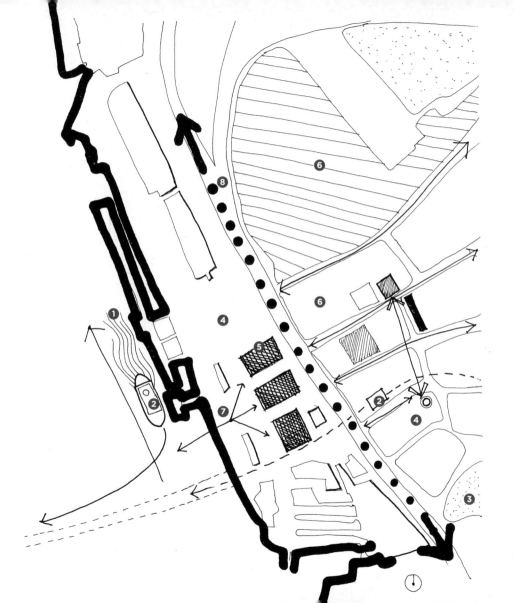

38

平凡的活动

注意观察那些"极端丑陋的"、平庸的和每天发生的事情。一旦发现，就立即通过速写记录下来。这并不是对平庸表示赞赏，而是教给你如何观察生活，如何提高设计质量。并不是所有的东西都是标志性的，或者能够抓住人们的注意力的。通过肉眼观察那些平凡的事物，在我们使用和居住的空间之中，寻求创造高质量的设计方案。

小结

　　在建筑设计中，我们需要对那些看起来普通、平凡的要素进行组织安排，从而使它们发生变化。期望以最小的干预取得最大的效果。仅仅解决建筑的功利性要求的问题是不够的。1 + 1 应该总是等于 3。你所得到的应该大于你的付出。

思考比例

街道宽度与建筑高度之比

　　街道的宽度与周围建筑的高度之间的关系，对使用者的感觉具有重要影响。一个中世纪的城镇中心地带，狭窄的小巷和悬挑的阳台，让人感到亲切而愉快。然而，在一个现代大都市，建筑高度一般超过街道宽度的 10 倍，街面上的光照大量减少，形成大面积的阴影和风洞。受交通和风的影响，行人很难横穿街道。另一方面，如果街道过宽，两侧主要是单层或者双层住宅，那么，这样的街道缺乏繁忙的大街所需要的能量，常会造成浪费。对每座建筑来说，都需要更多的街道、服务和景观。土地价值通常会决定建筑的高度和密度。但是，一定要注意，如何通过设计对街景产生影响，创造合理的密度，把街道变成能够进行消遣使用，令人感到愉悦的场所。

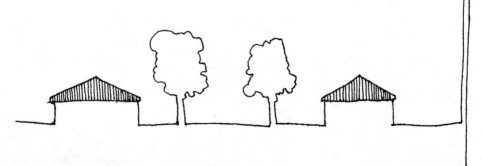

45

表面积与体积之比

表面积与体积之比大的建筑，能够创造更好地视野，开口让自然光线能够深入渗透到建筑内部。反之，如果建筑有较多的表面积，热量就容易流失（在寒冷的季节）或者得热（在炎热的季节）。然而，在炎热的气候下，可以通过通风或者风冷却解决散热问题，只要墙体和门窗能够得到良好的遮阴。假如需要较小的表面积与体积之比，可以采用球面设计，能够创造出最佳比率（但是，这种形式在功能上会受到许多限制）。**G** 型方案，表面积与体积比很大，如果在热带气候条件下使用，就会产生较大面积的遮阴、通风院落和穿堂风。**H** 型方案，通常适用于酒店。在相对紧凑的规划方案中，能够创造出较大的表面积（每个房间都有窗户），还能够形成一个中央平台，用于公共设施和接待。

面积		表面积	面积		表面积
A	16	16	**E**	16	32
B	16	20	**F**	16	64
C	16	34	**G**	16	34
D	16	30	**H**	16	34

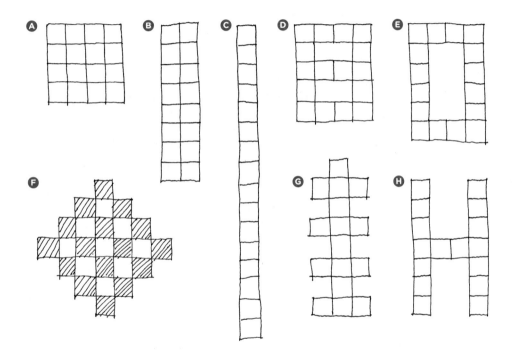

按比例绘图

　　建筑绘图通常采用比例系统，图纸上的建筑比实际建筑要小。我们称之为"按比例绘图"。例如，1 ∶ 50 的比例，就表明图上建筑比实际建筑小 50 倍。或者这样认为，图上 1 厘米（1/3 英寸）等于实际 50cm（19$\frac{1}{2}$ 英寸）。不同的绘图比例，表达不同的细部情况，传递不同的信息。

　　一般情况下，我们从绘制场地平面图和建筑总体规划图开始。此类图纸显示建筑的位置和基本规划布局。随着设计的进一步深入，比例尺逐渐增大，开始深入到建筑细部和施工方面的内容。不同的比例所包含的细部内容不同。建筑绘图常用比例见右面的表格。（比例 1 ∶ 25、1 ∶ 33，有时会出现在比例尺上。但是，这种比例通常用于工程项目,在建筑绘图中从来不用。）有些国家采用英制比例，英尺或英寸，所采用的基本原理相同。

比例	图纸类型	图纸上应该包含的内容
1：1250 或 1：2500	场地平面图和场地分析	街道布局、场地的基本轮廓线
1：200/ 1：100	总体布置图	建筑楼区布局。景观及周边环境。标明材料，相关的家具也可以包括。小型建筑，此类信息所采用的比例尺应该是 1：100。
1：50	细部详图	包括建筑设计方案和基本施工要素，以及防水材料和结构要素的位置。所有房间都应该全部标注出来，家具布局和材料应该表示出来。
1：20	施工图	要表示出整个墙体剖面。
1：10/1：5	细部图	详细的施工图，包括专业人员和分包商的图纸。所有的建筑构件都应该标注出来，以及相关的 1：200 或者 1：100 的总体布置图。
1：1	原型/CNC（计算机数字控制）路线/计算机辅助制造/模板	通过 CAD（计算机辅助设计），可以绘制出建筑的各个组成部分。传统建筑上的装饰和石材模板，可以采用这种比例。

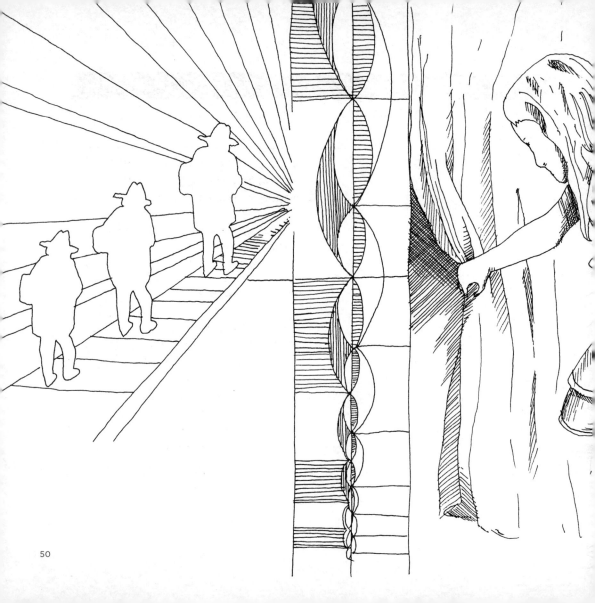

这是所有关于比例的问题

　　设计方案中每一个构件的大小和比例，常常决定着一座建筑能否成功。好建筑与坏建筑之间的差异，就存在于厘米与英寸之间。一般情况下，根据人体形态设置周围要素的比例，特别是入口、通道以及楼板至顶棚的高度。有些场地上采用大比例，体现出庄严宏伟与神奇（如教堂）。而在其他一些场地上则采用较小的比例，创造出某种亲密感和安全感（如小屋）。

　　一些建筑师有意识地采用特殊的比例和尺寸。最著名的比例体系就是勒·柯布西耶的模数，把人体尺度与斐波纳契数列（一种数列，后一个数都是前两个数之和）联系起来。然而，比例都是相对的，用这种方法难以获得数量上的实际意义。建议你读一下刘易斯·卡罗尔的维多利亚式的幻想小说《爱丽丝漫游奇境》。(*Alice's Adventures in Wonderland*)，在那里，你可以更好地了解相关尺度的重要性。

立方体比例

建筑的外部尺寸发生变化时，其体积并不是按照同一比例发生变化。例如，一座 2m×2m×2m（6×6×6 英尺）的建筑，体积为 8m³（216 立方英尺）；一座 4m×4m×4m（13×13×13 英尺），体积为 64m³（2196 立方英尺）。换句话说，对于一个较大的立方体，单位表面积所获得的体积更大。因而，较大的体积意味着更节省，更有效。反之，则需要更多的供暖和降温耗能。

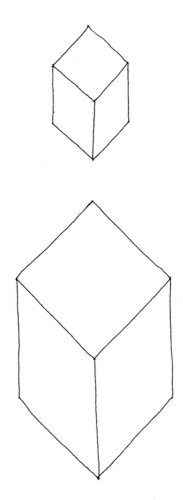

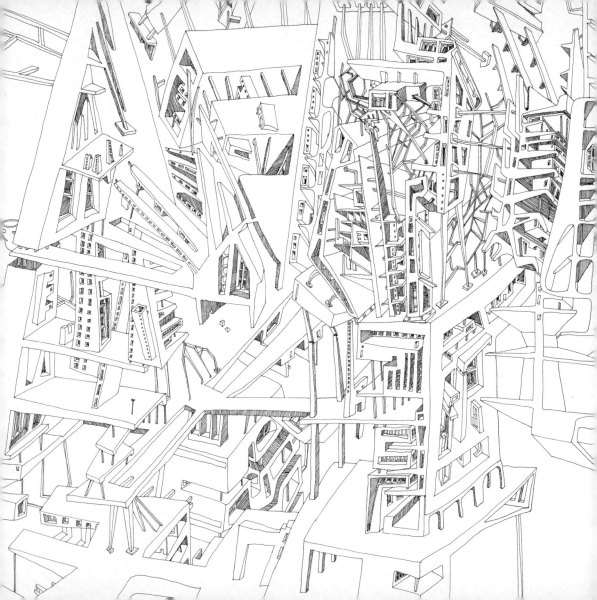

建筑构件与设计思考

立柱、梁和墙体

可以毫不过分简单地说，大多数建筑仅使用立柱、梁和墙体都能够建造起来。通过仔细考虑这三个要素中的间距、厚度、韵律、组成和材料特性，就有可能创造出一些优秀的建筑设计解决方案。如果我们增加坡道和楼梯，以及墙体上的门和窗，有一套建筑构件，就可以回答大多数建筑设计方面的问题。不要害怕使用简单的、直角的、直线的解决方案。极端情况下，可以使用弧形、圆形和椭圆形。

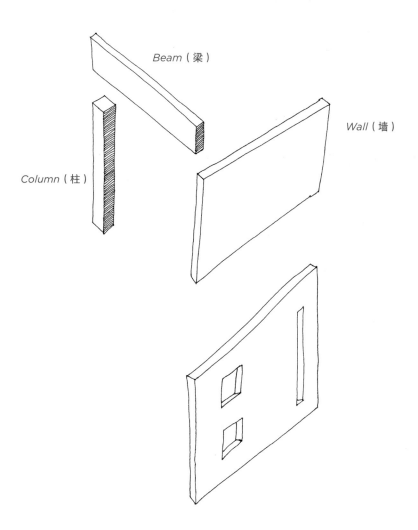

Beam（梁）

Column（柱）

Wall（墙）

立柱的位置

    不要简单地把立柱排列成结构格栅，认真考虑它与墙体、隔墙和开口之间的关系，确定合理的位置。

    壁柱（从墙中伸出的立柱），有助于限定空间和边界。如果立柱全部嵌入墙体之中，掩藏起来，那么，我们就失去了表达结构和韵律品质的机会。还有必要设置墙体吗？

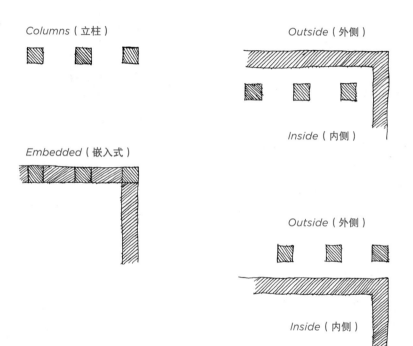

Columns（立柱）

Outside（外侧）

Inside（内侧）

Embedded（嵌入式）

Outside（外侧）

Inside（内侧）

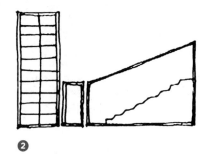

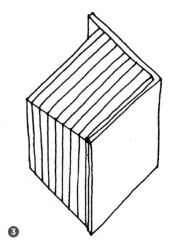

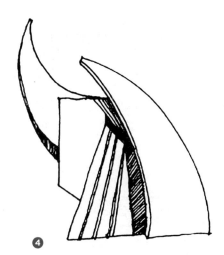

建筑形式的问题

如何创造一种建筑形式？

你的想法来自何处？

你的形式源自对功能的反应吗？

建筑是否可以成为一种雕塑和表现形式？

作为一名建筑师，这些问题将会困扰你一生。

你或许可以考虑四种生成形式的方法：

❶ 把所有的建筑需求，放在一个整洁的"功能"盒子里。

❷ 表达建筑的功能。这样，每一个方案都有自己独特的形式，例如演讲剧场采用一种形式，而图书馆是另一种形式。

❸ 通过其形式，形象地表达建筑的功能，例如设计一个图书馆建筑，看起来有点像一本书。

❹ 忽略功能，采用其他方法生成独立的功能形式。形式可以成为一个雕塑的响应，并强制功能适合这种形式。

围护结构

　　建筑的围护结构可区分为内部和外部，它是建筑的实际形式，并确定内部的空间和体积。围护结构必须满足几种需求。

　　❶ 在某些部分是可以渗透的，而其他部分则是不可渗透的。允许人们进入，同时又能够防雨防风。

　　❷ 能够阻止地下湿气。

　　❸ 能够调节空气温度，理想情况下，在很狭小的范围内，能够使人感到舒服。

　　❹ 在某些地方允许光线进入。同时，也能够允许空气进入建筑之内进行通风（高度控制可以使用机械系统，或者可以简单地打开窗户）。

　　❺ 必须允许进入各种服务设施（供水、天然气、电力、电信）和废物处置（污水、雨水、烟雾）。

　　❻ 它必须经久耐用，足以抵挡暴风雨的侵袭。同时还能够阻止不受欢迎的来访者的进入，如蚂蚁、老鼠等以及闯入者。

　　❼ 它应该从容地经受风吹日晒。理想情况下，随着岁月的增长而变得更好，且易于维护和清洗。

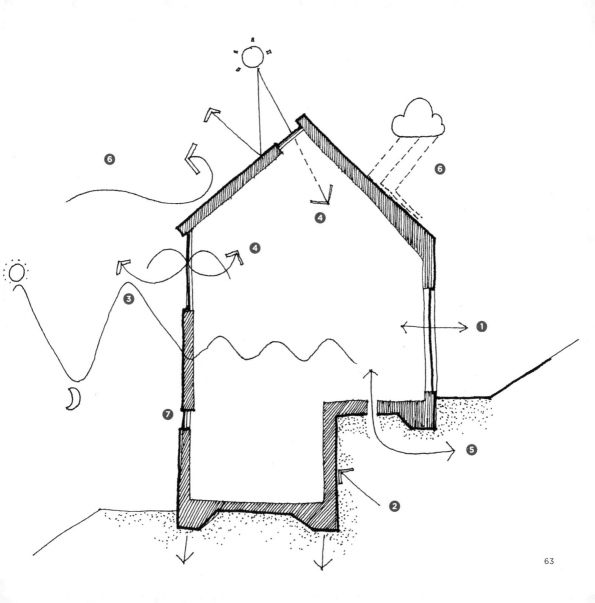

墙体

一般来说，有两种类型的墙体：

❶ 承重墙。此类墙体除了承担自身的重量之外，还要支撑楼板、屋顶和建筑的其他部分。不受风化的影响，还要增加防水材料。这种墙体在小型建筑和房屋上经常采用，简单而容易成功。所用的材料必须能够承载这些负荷。墙体的厚度一般与建筑的高度成正比：一栋较高的建筑需要较厚的墙体，但是，这会减少使用面积，增加材料用量。窗口可以直接从墙体上开出。采用过梁或者拱梁来支撑墙体。

❷ 非承重墙体。这种方法采用一系列的柱和梁形成框架，用来支撑楼板、屋顶和其他建筑要素。外墙可以能够承载自身的重量，固定在框架上；或者完全由框架结构来支撑——不负担任何荷载，这也就是其名称的来历。这种方法能够达到更高的高度，不会造成楼板面积的损失，并允许使用非结构材料，如外立面上采用玻璃等。窗口可以做的比较大，不依赖于过梁或者拱梁。

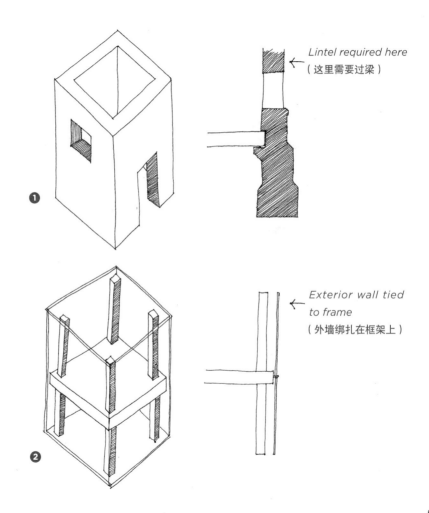

1

Lintel required here
（这里需要过梁）

2

Exterior wall tied
to frame
（外墙绑扎在框架上）

窗 户

窗户就是位于墙体上的开口。一般透明或者半透明，通常在窗框上安装玻璃。窗户具有几种功能：为房间提供能够自然通风的房间；让阳光进入到室内；创建通向外面的视野；或者创建通向建筑的视野（如商店橱窗）。

窗户设置。考虑你的窗户应该安置在墙体上哪个位置。这个决定常常会影响立面的特征。窗户镶嵌在墙体之中，给人一种稳定感。窗户外面嵌入到墙体之中，给人一种流线感（但是也容易弄脏下面的窗台）。比较宽大的室内窗台，还可以用作座位。向外张开的墙体能够把更多光线带入室内，吸引对外面风景的注意力。

窗框。窗框也需要认真考虑。一个细长的金属框架，能够传达不同的意义。装有垂直铰链的木框架窗玻璃，就是其中的一种。窗口光线和铰链位置，在图上用虚线表示。

形状。长的水平窗，能够创造一个全景图。而高的细长的窗户，能够把阳光再抛洒到房间，在室内营造一种高大感。在建筑的拐角处设置一扇窗户是非常引人注目的。但是对于承重墙来说，难以实现。

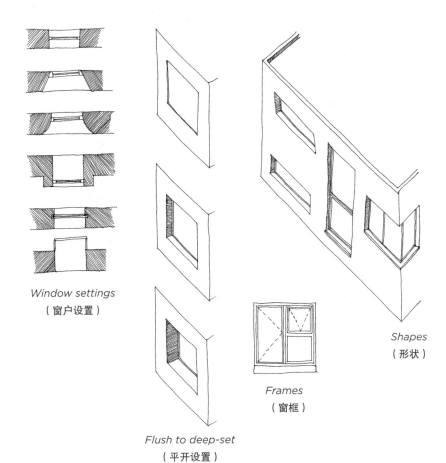

Window settings
（窗户设置）

Flush to deep-set
（平开设置）

Frames
（窗框）

Shapes
（形状）

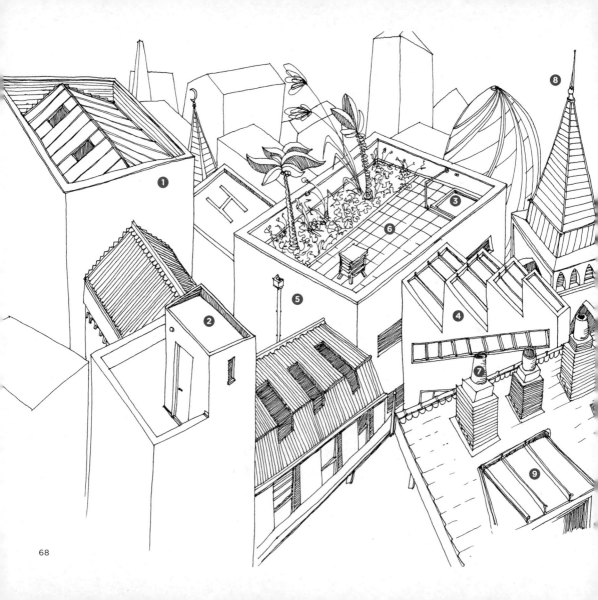

屋顶

屋顶有时又称为第五立面。在建筑设计中，屋顶常常是被忽视的一个部件。尝试把这块区域重新利用起来，可以设计成一个花园、能源产生的空间，或者野生动植物的栖息地。

❶ 用一段女儿墙把坡屋顶掩藏起来（不要忘记墙面与屋顶之间的滴水檐）。

❷ 屋顶能够进出，避免使用活板门。

❸ 必须使用活板门时，增设挡板和扶手。

❹ 工厂和工作室，需要没有遮阴的北向光线。锯齿形屋顶对于这种用途是最理想的。

❺ 雨水需要从屋顶上排走。排水管可以安置在墙体之中，或者外露在立面上。

❻ 把屋顶空间用作一种生活空间。

❼ 烟雾可以通过屋顶排出。

❽ 可以把屋顶看作是灯塔或者吸引眼球的构件。可以用于吸引人们对这座建筑的注意力，在城镇中进行辅助导航。

❾ 屋顶可以用作储存空间。

楼梯

楼梯使我们能够从一层走到另一层。楼梯能够创造出激动人心的设计方案，可以把它看作是一个构件，也可以看作是一种景观效果，也可以看作是一个优势点。

避免设计螺旋楼梯。这种楼梯与直行楼梯所用的空间相同，但是，多数情况下，它的周围空间无法使用。

❶ 底层台阶。使行人很方便地下来，然后拐弯。

❷ 在两段楼梯之间，设置一道小型楼梯井，是一个不错的想法（空间允许的话）。这样做，光线能够沿着楼梯延伸，创造出一种令人兴奋的旅程。

❸ 在休息平台设置一扇窗户。通过这种方法，光线可以进入到楼梯间，在休息平台上还可以观赏楼外景色。

❹ 楼梯上面的空间，不能低于楼梯的宽度。

❺ 在楼梯上设置天窗，用光线布满空间。

❻ 通过楼梯要设计一个剖面，以确保你有足够的净空。

❼ 楼梯的踢面和踏面分别为 200mm 和 250mm。

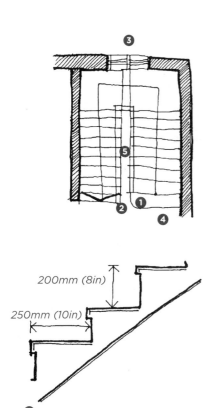

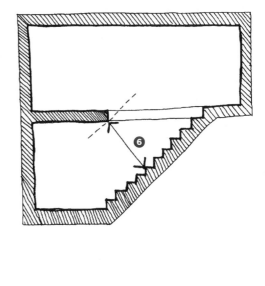

交通与卫生设施

在设计大型建筑时，尽量把垂直交通（楼梯和电梯、休息大厅和洗手间）聚集在一起安排。这样方便来访者进入大楼，建设起来更高效。垂直服务设施和管道，可以沿着竖井和楼梯很容易地安装。在你的全部设计方案中，尽量把相关的服务空间，比如厨房和厕所，垂直层叠摆放，楼层对楼层，这样做，可以很容易地连接管道。

❶ 电梯
❷ 服务竖井
❸ 卫生橱柜

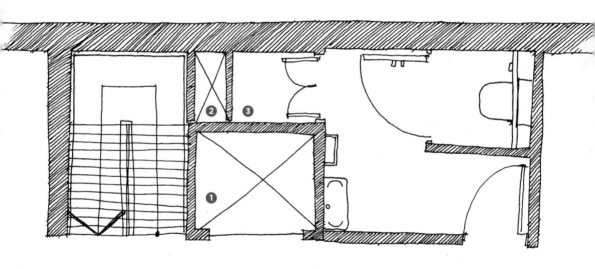

建筑朝向

在温带和寒带气候条件下，设法让建筑获得更多的阳光和因光照而产生的热量。合理安排建筑朝向，除了能够创造更加可持续性的建筑之外，还能够改善空间质量和使用者的舒适程度。卧室应该面向东方，以便接受早晨的阳光。理想情况下，花园应该面向南方。朝南的房间应该进行适当的遮荫和通风，避免过度炎热。客厅和厨房应该面向西方。不需要任何工作的房间，如车库和浴室，应该面向北方。就像工作车间和工作室那样，可以因无影光照而受益。不管建筑的功能如何，在你的方案中，都要认真考虑光照和遮荫效果。

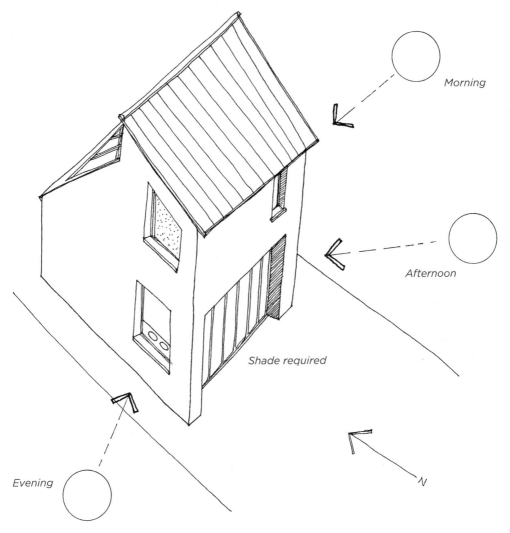

Morning

Afternoon

Shade required

Evening

N

防水

　　在温带和寒带气候条件下，防水是施工中的一个重要组成部分。良好的防水，能够降低能量消耗，提高舒适感。但是，防水材料应该放在哪里？希望取得什么样的效果？在对面图上给出的实例中，看一下墙体的基本剖面图。实例 A，防水层在墙体内侧。这种设计方法的主要问题就是，水汽会在缝隙间凝结（在墙体内形成结露）。在 ❶ 点处，设置一个有效的防潮层有助于防止当与寒冷的外墙接触时，从里面过来的湿气产生凝结。然而，这种方法的优点就是，房间能够很快升温，不必要消耗能量对建筑结构进行加温。在实例 B 中，防水层在主体结构的外面。这就需要在外面增加一道防护层，如抹灰层或者木料。采用这种方法，缝隙间凝结几乎不可能发生。但是，在 ❷ 点或 ❸ 点处，仍然需要增设蒸汽隔离层。房间升温需要较长的时间。但是，整栋房屋的结构也可以用作热源，能够保持室内温度在一天之内都会发生极端变化。

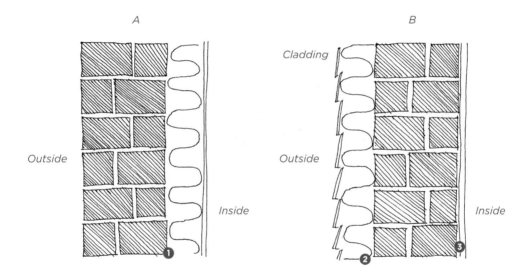

A

Outside

Inside

B

Cladding

Outside

Inside

门

门就是一道可移动的墙体。它能够使人们进入一个空间。同样地，也可以禁止人们进入，以保证安全、私密性和温暖。

❶ 传统的门固定在一侧用铰链并开启进入房间。这样，就必须留出一定的空间让其旋转。注意观察门是如何固定在门框上的(门条)。同时，对周边墙体又能起到保护和装饰作用。

❷ 可供选择的一种方法就是，在墙体上设置门闩洞，做成滑动门。这样，墙体厚度就需要增加。

❸ 开合桥总是让人感到兴奋，就好像是卷帘门和双扇折叠门。

❹ 非中心旋转门，在建筑设计方面也很有潜力，特别是特大型门，让人感到整个立面都是敞开的。

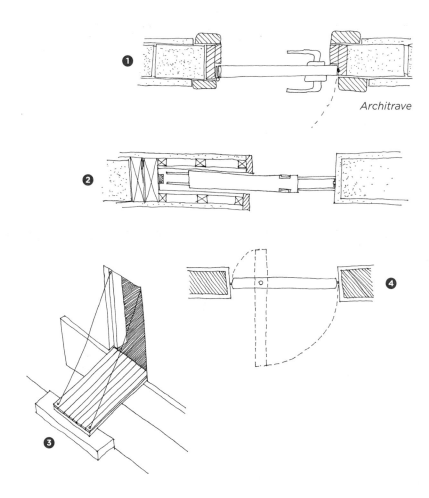

Architrave

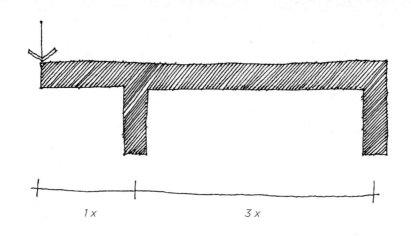

1 x   3 x

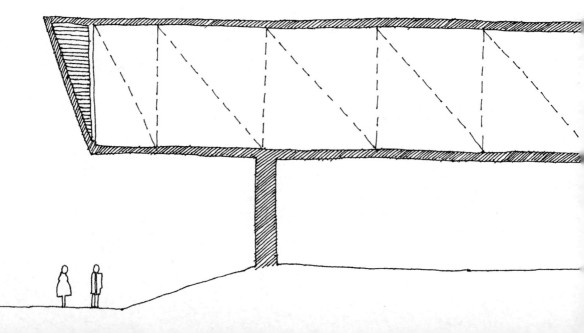

悬挑

　　悬挑，就是仅在一端固定的结构构件。悬挑结构在空间上和视觉上，看起来更加激动人心。一般来说，悬挑结构需要一段背跨，长度是"浮动"部分的三倍（尽管许多情况下可以例外）。

　　可以把悬挑结构看作是一个桁架。把地面做成坡面，悬挑结构朝向外侧，对建筑艺术效果更能起到强化作用。

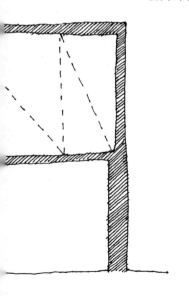

有时候我抚摸着你（歌曲名字：奥莉花）①/不要碰我

印度建筑设计师查尔斯·柯利亚所设计的建筑,都要经过"脚底"的体验——建筑不只是视觉上的,它也是有多种感觉的,而且我们所接触到的部分尤其重要。眼睛证实了手已经知道的东西。座椅不能导热,门把手应该与手相适应,扶手和栏杆应该精心设计,适合抓握。然而,有些地方,应该尽可能地不让人们接触——在这些地方,所有的肥皂盒应该尽可能地从公共厕所拿走,门应该是手动操作。你的设计看起来怎么样? 它们有什么触觉特性吗?

---

① 奥莉花《sometimes when we touch》这首歌是来自加拿大多伦多的创作歌手 Dan Hill 在 1977 年出版的第二张专辑里创作并演唱的,在当年得到了全美排行榜第三名的好成绩,也使他一夜成名。先被翻译为中文歌曲《无言》。——编者注

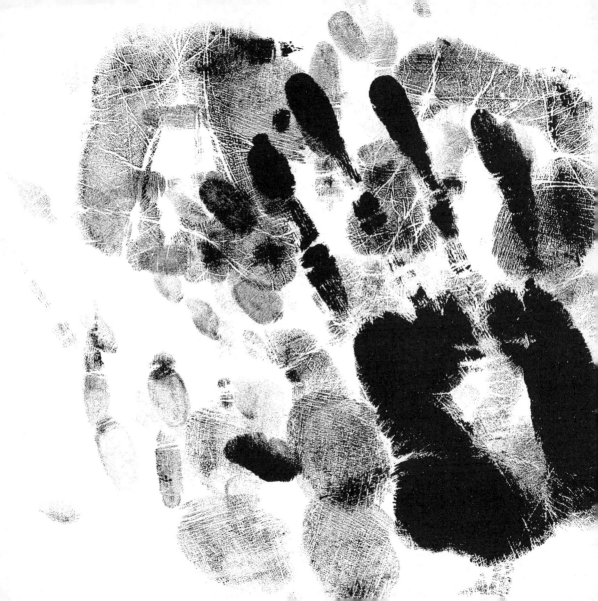

材料

单独提到建筑，可以不考虑材料性能。但是，在确定设计方案和概念形成阶段，尽早地考虑材料的特性，是比较明智的。你不能简单地将材料用于形式，就像壁纸一样；相反你应该充分了解材料的内在品质，以及它对建筑形式所产生的影响。除了形式美观之外，好的材料应该具有耐久性，价格相对低廉，容易在现场制作。接口、接缝和单元尺寸，应该能够相互协调。这样，立面形式能够体现出材料的整体特性，避免衔接不良。新材料可以带来新形式和新的建造方法，但是，在未经试验和测试之前，要小心使用。

不要犯将多种材料用在一栋建筑里的错误——对于建筑围护结构，限制你的材料种类不要超过三种。

建筑的可持续性

实际上，最可持续的建造方法就是，不建造任何东西。但是，如果你必须设计一栋建筑，就应该紧凑，要尽可能地减少能源消耗，而不是仅仅靠技术来驱动（大量的能源需求是生产光伏电池）。合理的安排建筑朝向，力争最大限度地利用大自然光。采用可循环使用的和当地生产的材料。在建筑外围，保证了防水材料的连续性。在寒冷的气候中，可以避免产生"冷桥"（冷桥，就是建筑结构中未经防水的部分，把热量从里面向外传导。温暖潮湿的空气，很容易在表面凝结）。在炎热的气候中，外面是玻璃立面，里面是空调，现在已经成为常规。但是，随着后石油时代的到来，这种方法是不可取的。而采用传统的施工方法，空间加热和水加热是两种容易处理的区域。

❶ 收集雨水，用于洗衣服、洗澡和冲厕所。

❷ 收集洗澡水，用于花园浇灌。

❸ 热水，使用燃烧柴的锅炉、太阳电池板以及浸没式电热器来获取。

❹ 地面 – 空气热交换器，既可以保暖又可以降温。

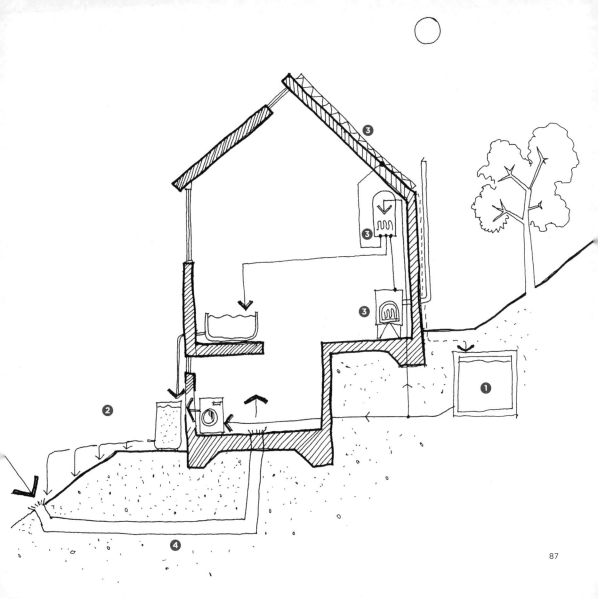

数字遗产

　　把你的工作展现给世界。把你的发现记录下来并发表。开通一个博客，把你的发现记录进去。把你所在的城市、社区和街道拍照，整理成档案。以后可以参考这些资料。当新建筑耸立起来，老的建筑被拆除的时候，观察一下你的周围是如何慢慢发生变化的。

每天把所有的照片整理好，每天用数字化绘图。

现在就干。

交流

你在为谁画图?

我们绘制图纸,出于多方面的原因。有些图纸用来帮助客户理解将会得到什么样的建筑。其他图纸则用于设置建筑的销售价格,或者对建设施工进行指导。作为建筑师,在设计阶段还会绘制一些其他类型的图纸,帮助我们理解所创造的空间和形态。图纸和图表与人的设计思想和理念进行交流。开始的时候,采用标记的方式进行表现,不必感到担心。同样重要的是,不必过早地跳转到使用计算机绘图。相反,用草图探索一种想法,在平面、剖面、细部和3D绘图之间,不断地进行转换,直到一系列想法出现。

提交报告的一些图纸,主要用于"销售"(sell)计划。如果一栋建筑在纸上看起来不是很好,那么,建成之后也一定不好看。始终考虑到你的图纸是为谁而绘制,并相应地进行修改。

粗线条

　　图纸上粗线条是非常重要的，因为它可以使图纸更容易阅读，能够产生立体感，并传递出重要的视觉层次。接地线必须粗大，如果没有接地线，建筑看起来就像"漂浮"（floating）在纸面上。较粗的线条常用在立面上来显示物体靠近观察者。有时还需要表示阴影。在平面图中，用来表示结构构件和建筑围护结构。在剖面图中，最粗的线条用于保留剖切到的物体。除了剖面线之外，在立面上看到的物体，用最细的线来绘制。如果线使用不当，图纸看上去就很平淡，难以辨认。

你的笔头应该是（mm）

0.13；0.18；0.25；0.35；0.5；0.7；1.0；2.0

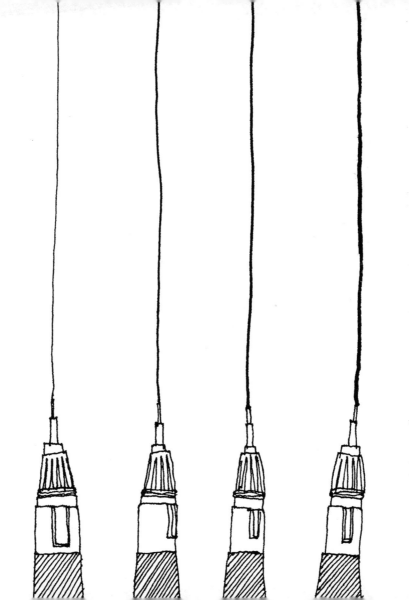

图纸注解

　　给你的图纸加上一个标题，说明是什么，比如"A–A 剖面"。给房间加上标注，标明所使用的材料，用箭头和注解显示视图、路线和设计意图。

　　没有这些信息，就有可能对图纸做出各种不同的解释。例如，右下角的图，可能是一个灯泡，也可能是躺在浴缸中的一个人。注解能够去掉不确定性，减少模糊性。

Serif（衬线体）

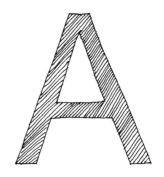

Sans serif（无衬线字体）

字体

　　你选择什么样的字体是重要的。例如，加拉蒙字体（Garamond-serif）与出版字体（Helvetica -sans serif），表达出完全不同的事物。字体选择是信息与传达的一部分。衬线字体（Serif），代表石匠的凿子，表明如何雕刻石头。无衬线字体（Sans Serif），抛弃了这种不合时代的特征。衬线体暗指建设、传统和长寿。无衬线体专指清楚和现代。并不是想表明什么，而是如何表达。

轴测图

　　把所绘制的建筑平面图，转换成一张轴测透视图（没有透视图的 3D 图）。这种方式可以很好地表达你的设计思想，因为它可以使你提交的方案中的空间质量进行缩放和展示，并且可用来在一个地方展示平面、立面、剖面，甚至施工详图。对于那些不熟悉平面图和剖面图的人，轴测图非常有用。将你所有的项目都放在一张轴测图中，并表明你知道这栋建筑将如何运作，它将来会是什么样子。

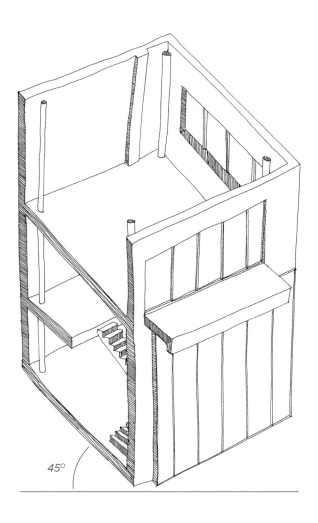

45°

平面图

　　平面图是高度抽象的表现形式。在距地面高度大约 1 米左右，将建筑水平切割，就是在平面图上试图表达的部分。平面图并不处理建筑的空间品质。但是，可以用它来标明家具布局，对空间进行划分，比如哪些部分是用于出租的。

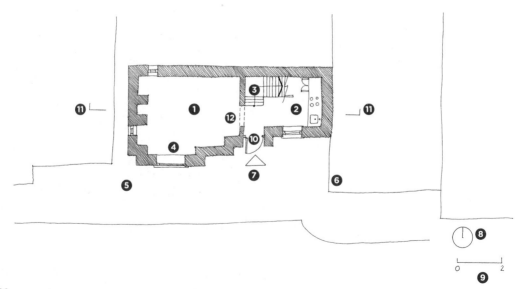

❶ 对每一个房间进行标注。

❷ 增添家具和重要固定装置（比如厨房单元）。

❸ 箭头表明楼梯方向：总是朝上。

❹ 向外观赏？通风？注明各个窗口的功能。

❺ 对外部景观选择和绘制材料。

❻ 包括邻近建筑，周边环境永远无法全部包括。

❼ 通道。使用者如何进出，如何环绕建筑？突出显示主入口。

❽ 添加指向北方的点，尽可能地表明平面图的方向。这样，北向就一直指向上方（或者，如果是在南半球，南向就指向上方）。

❾ 插入比例尺，比如 1：50（或者电子比例尺，假如是电子绘图的话，购买对面的图）。

❿ 保证所有的门和出入口都清楚地表现出来，与建筑的其他功能不要发生冲突。

⓫ 指明剖面图的剖切位置。

⓬ 虚线表示上方有其他要素，如夹层楼面（介于两层楼之间），或者顶棚上的空虚。

指北针

　　这个小小的、简单的要素，对平面图来说也是很重要的。没有指北针，就有可能造成混乱，有可能使建筑朝向错误的方向。在最顶层的边缘，有一个带画线半径的小圆就足够了。平面图上仅需要指北针（在南半球，使用指南针）。

剖面图

　　剖面图可能是最重要的建筑图了。平面图中垂直方向上发生变化的地方，都应该进行剖切，绘制剖面图，比如楼梯、空隙和双层空间，以及与建筑相关的其他特征，如庭院。剖面图揭示出设计方案的空间品质，需要的话，还可以展示墙体结构。建筑物围护结构在形状和方向发生变化的地方，也应该绘制剖面图。对于复杂的形态，可能需要每一米（每3英尺）绘制一张剖面图。

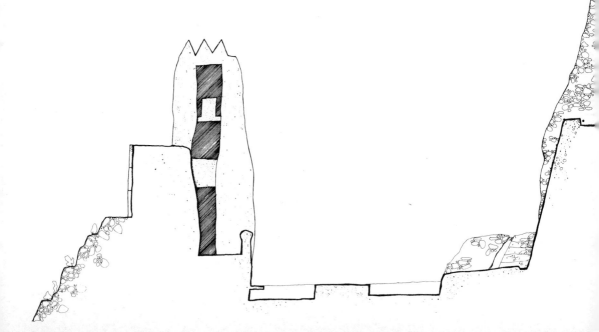

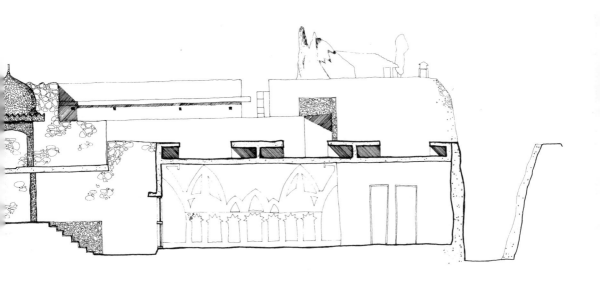

0 1 2 3

立面图

　　立面图展示从外面看建筑是什么样子的。每个边或者每个面，要分别绘制，采用不同的比例，不需要采用透视方法，就好像是观察者以相同的距离观察各个部分。几乎没有一栋建筑单靠立面能够表示清楚。但是，考虑到建筑的外观，立面图还是很有用的。

包括材料在内，最重要的是增加阴影。尽管立面图是一种平面图像，但是，良好的立面图，也能够传达出建筑的3D效果。缺乏阴影，立面图看起来会非常"平"。更重要的是，很难区分立面上的建筑构件，哪些在前面，哪些在后面。

例如，在对面这张图中，窗户看起来从主墙体上内凹，因为人的眼睛把粗黑线看作是阴影。屋顶窗投下的小三角阴影，揭示出主屋顶是坡屋顶。我并不是说这是一种好的建筑，但是，它的确表示出某些可以遵循的原则：立面安置在7个垂直开间上，奇数比偶数看起来更好。中间的开间随高度增加，指明入口的位置。但是，如果不把它放在中心位置，这个开间同样运行良好。在水平方向上，这栋建筑被分解顶部、中部和底部剖面。对于考虑你的立面处理和布局，这是一种很好的方法。

立面图需要表示内部功能吗？还是建筑内部需要独立设计？

在20秒钟内绘出建筑理念

　　如果不能在 20 秒钟内解释并绘制出你的建筑设计理念的草图，或者是方案过于复杂，或者就是你还没有能够提出有效的解决方案。

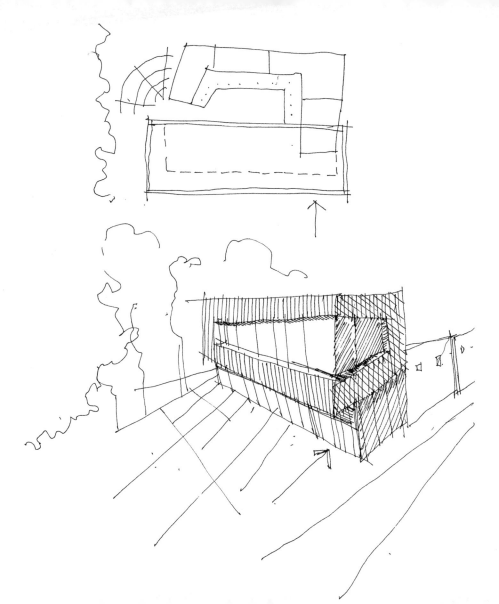

人

  在你的图中，把人加进去，特别是在立面图上。这有助于标明尺度，表现出空间如何使用，为你的设计工作增加生命力。良好的绘图，也能够给人这样一种印象：空间运用合理，比较顺畅，很成功。在向客户和投资方展示方案时，在图上增加人这一要素非常重要。放风筝的和遛狗的，都是必须加进去的。

网格

　　网格是一个强有力的设计工具，可以帮助你形成概念，对各种构件进行组织。使用网格有助于对立面进行组织安排，对结构立柱和墙体进行布局。还可以用它来安排布局。网格不必要保持一致，或者简单重复。利用网格，只是使你的工作更加具有粘合性，更加清楚。在一座城市范围内，可以利用网格来组织空间，定义地块。例如，勒·柯布西耶在印度昌迪加尔的规划中，运用网格组成道路网。但是，在每一部分之内，都有规模较小的、非网格性路线。

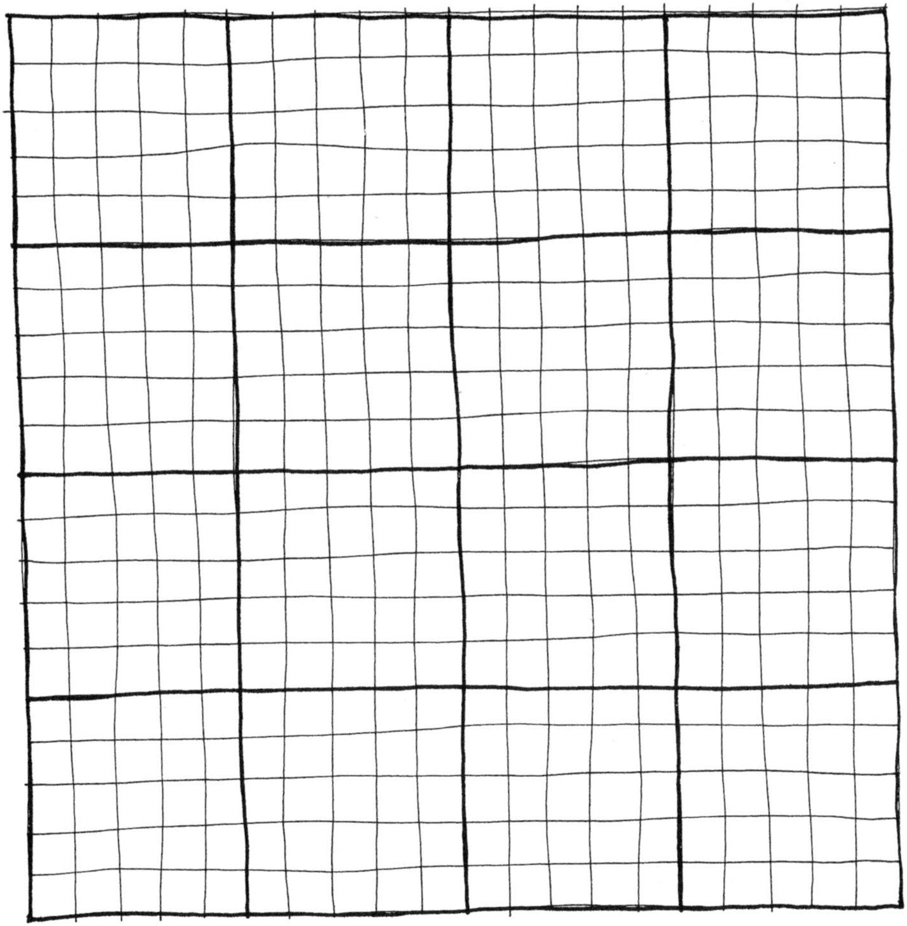

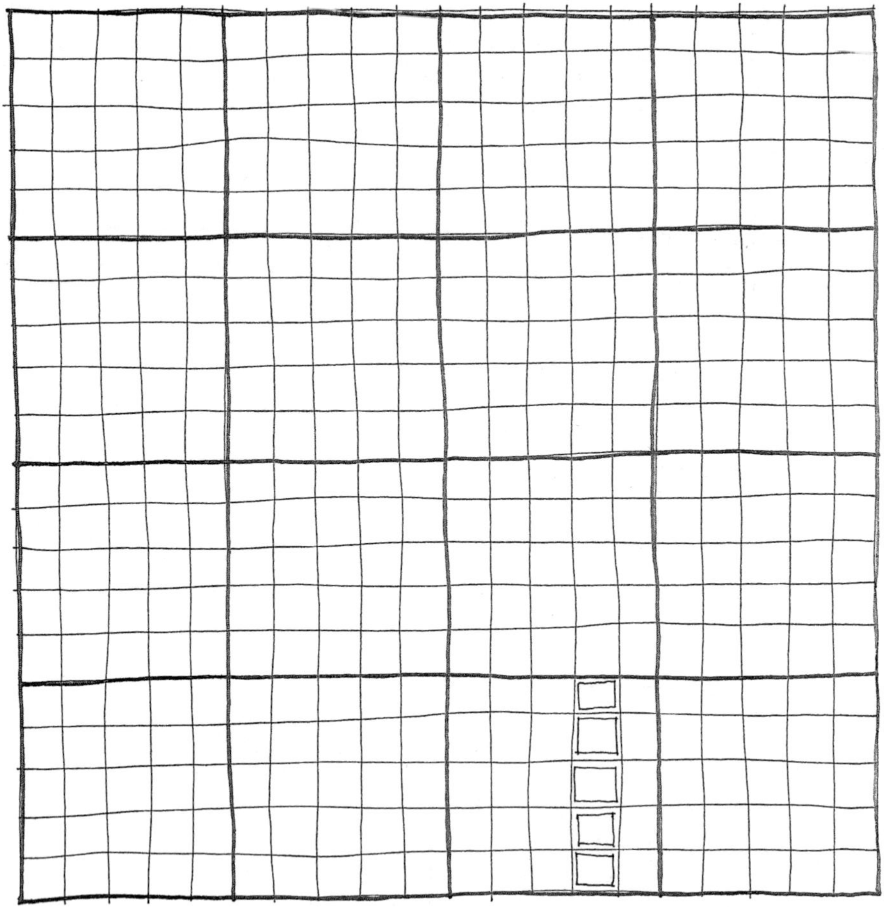

打乱网格

　　网格建立起来之后，不要害怕引进新的元素会把网格打乱，破坏网格的一致性。添加或者去除一些简单要素，能够起到强化和活泼的效果。例如，使用网格对立面进行布局时，可以打破立面的一致性，突出显示出入口或者楼梯。

历　程

周边环境

考虑周边环境，并不会导致平庸和服从，或者只是简单地在已有建筑框架下进行设计。记住，你的设计方案是针对专门的设计场地，在你的立面图上，总是要尽可能多地体现出周边环境。有些学

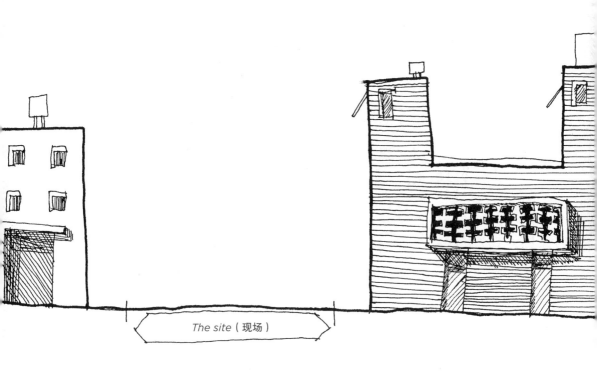

The site（现场）

生在提出的设计方案中，对于周边建筑或者空间，仅仅包括几米或者几英尺。试图把范围扩大一点，至少要延伸到城市街区或者街道。在你的图纸上，周边环境包含得越多，图纸就越好看。

好，但又糟透了

你为什么喜欢做这些东西，这种风格和外观？什么原因使你作出了这种决定？相信你能判断出什么是好的和差的品味。但是，要想磨炼你的鉴赏能力，就要对历史、技术和目前的发展趋势，有比较深入的了解。别人有可能认为你的设计方案糟糕透顶，思想上要有准备。不要自动拒绝那些看起来是大众化的、模仿的，或者平庸的作品。现代主义与极简主义并不总是一样好。

典礼、神话和仪式

　　如此多的建筑与一系列的概念相连接：许多伟大的建筑，都给人一种仪式或者旅行的感觉，游客体验到他仿佛穿过一系列精心设计和策划的空间。设想一下你的设计，能够为游客带来的空间感觉和情感反应。我们已经变得过分关注形式。一个令人兴奋的形式，并不如创造能够令人心动的空间。右面这三幅图，最终都能够通向一种人工制品。但是，却是以不同的方式来得到相同的结果。

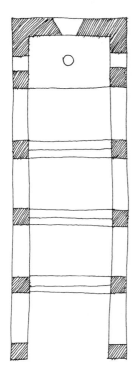

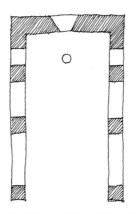

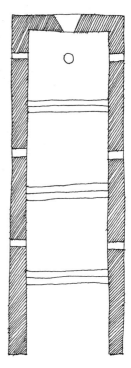

柱廊 开放序列

路程短，速度快，但是，具
有亲切感

封闭的、黑暗的、神秘的

不要把建筑降低为只是空间、形式和光线

　　有时我们这样来分别建筑：根据材料、结构和服务来进行区分，而不是把它们完全整合在一起。同样，不能把建筑仅仅看成是细部，或者城镇规划，它是一个整体。大声朗读下面几句话，认真地思考一下。

建筑是结构
建筑是材料
建筑是细部
建筑是城镇规划

抬高或凹入

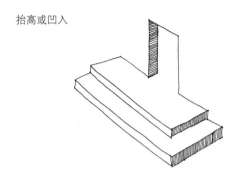

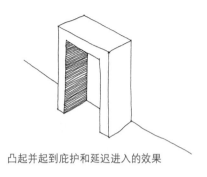

凸起并起到庇护和延迟进入的效果

正面与背面/公共与私人

试图区分一下什么是正面和公共区，什么是背面和私人区。这将有助于你安排你的设计方案和你的立面处理。不需要任何标志，你就应该能够认出建筑的正面和入口。

入口应该是立面设计不可或缺的。但是，如果把入口抬高、凸起或凹入，更增强立面效果。

焦点

引人注意的物体、地标和轴线（想象中的，固定的直线），在很远处就能够引起人们的注意，可以用作烽火台，对人们进行引导，分散他们的注意力，或者带来视觉兴奋。一个轴线是仪式性和线性的有明确的起始点，终点通常有开阔的视野。吸引眼球的物体，一般不太正式，更多关于探索和发现。就像是捉迷藏，观察者一扫而过，然后就消失在墙体后面或者被景观掩隐起来。可以看作是建筑的仿制品。

❶ 旅程开始。
❷ 穿过墙体，看到寺庙的景色。
❸ 从寺庙观赏船只停泊位和湖面。
❹ 发现洞穴。

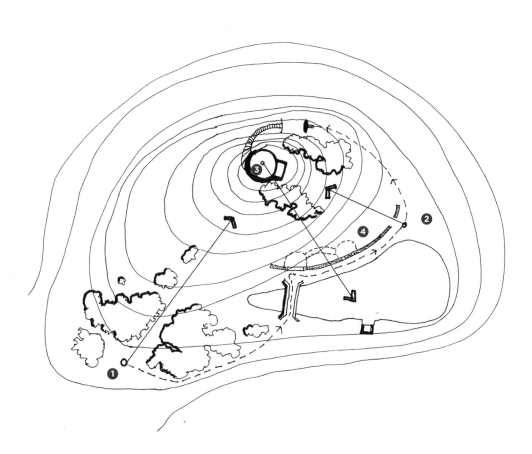

空间之间

　　各种建筑形式之间的空间，需要进行设计。这些空间可以用作交流、聚会和观赏。这些空间需要防风，能够提供挡雨、遮阳的庇护所，还要能够从高空俯视，以便使人们感到安全。它们应该是人们想穿行的场所，而不是被隐藏起来，不能作为一个主要的通道。台阶可以变成座位，种植容器可以兼做桌子，材料上的细微变化可以促进边界。偶尔相遇可以设计内部空间，鼓励设计聊天地点和临时聚会的场所。

按时间顺序绘图

　　按时间顺序绘制的图纸，目的是为了表现一栋建筑、空间、街道或者一座城市，是如何随时间而发展的。当然，你可以使用一张地图来显示建筑和街道是如何出现和消失的——但是却无法像时间顺序绘图那样描述相同的故事。下面是昌迪加尔的时间顺序图，通过记录建筑风格的逐步演化，试图展示一个区域的演变。

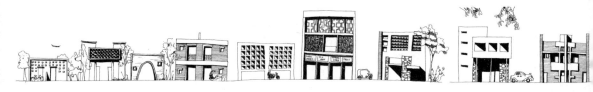

1950s

1960s

1980s

视觉序列

　　视觉序列表示空间移动的情况。把你绘制的每一张图纸，想象成电影中的一个关键画面，其目的是为了展现我们沿着一条路线穿过建筑时，所经历和遇到的景色。下面有三张草图。但是，在视觉序列中，每隔 5 米（16 英尺）可绘制一张图。

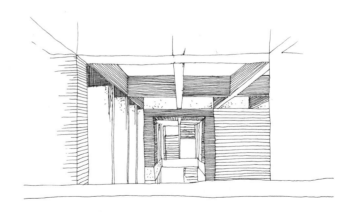

临界点

临界点就是一个空间结束、另一个空间开始的点。注意在你的设计方案中设置边界。门口是比较明显的临界实例。其他更具渗透性和不太明显的临界点可通过改变水平方向、材料和体积创造出来。运用临界来安排空间，并创建非同寻常的活动区域。我们如何确定地带、边界和空间所有权？

❶ 墙体。即使没有门和屋顶，墙的存在就意味着所有权和私密性，或许这是最不明显的临界形式。

❷ 材料。简单地使用不同的地面材料，就可以创造出边界，表明所有权和领地。

❸ 标志。用于定义边界的简单物体。一行小石头就产生围合感。

❹ 池塘/护城河/沟渠。添加材料，形成一面墙，能够创建临界，将材料移除，同样也能够创建临界。设置在建筑前面的倒影池非常有效——它们使建筑看起来比较高，在炎热的气候条件中，还有助于降温。

❺ 种植和植被。绿篱不仅可以定义空间，而且还能用作防护屏障。

❻ 高度上的变化。楼梯两边的空间似乎属于这种类型。

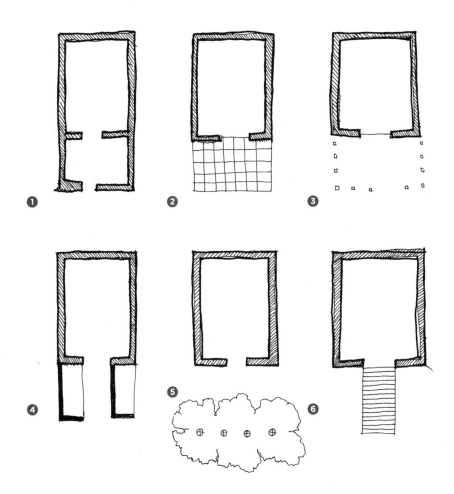

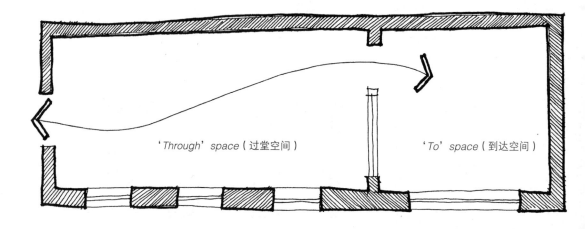

'*Through*' *space*（过堂空间）   '*To*' *space*（到达空间）

"过堂空间"和"到达空间"

　　某些空间可以穿过，其他空间则是终点。"到达空间"（ To ），让人感到更安全、更放松。它们往往只有一个出入口。"过堂空间"（ Through ），更充满活力，能够提供更多的交流和聚会机会。通常用作各种活动的中心。客厅和卧室，通常被看作是到达空间。在这里，人们感到更安全。"过堂空间"在规划方面比较困难，作为空间的组成部分，很难组织交通。

基座

基座是为了突出某个特定对象或元素的重大意义和威望而采用的一种方法。

❶ 从最基本的方面来说，基座常用于展示艺术作品，并使其更易于观赏。基座的大小与展示的物体之间关系非常重要。基座的底座凹进，使它看起来有漂浮感（人们接近时，不会踢到或者碰到）。

❷ 在大尺度上，建筑也可以放在基座上。对于家庭住宅，可以把底层抬高，形成一个宏大的入口，从内部向外看更好的视野，并提高私密性。

❸ "塔楼与基座"模式也可以结合很好，能够营造出较小的、更加人性化的沿街立面。塔楼退进，可以让街面获得更多的光照，从视觉上来说，也有助于给塔楼一个更合适的基座。

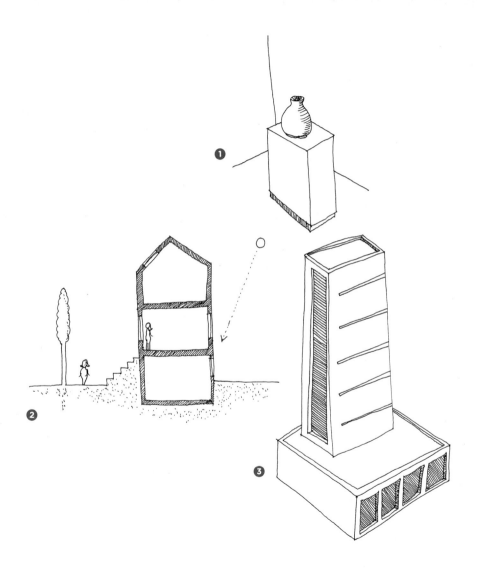

形式、技术和工程计划

一个成功的设计,需要强调形式(形状)、工程计划(功能需求)和技术(施工问题)。如果忽略了其中一个因素,整个设计概念就面临坍塌的危险。在一个特定的场地、时间和社会,这三个组成部分也存在,因此需要慎重考虑并告知。

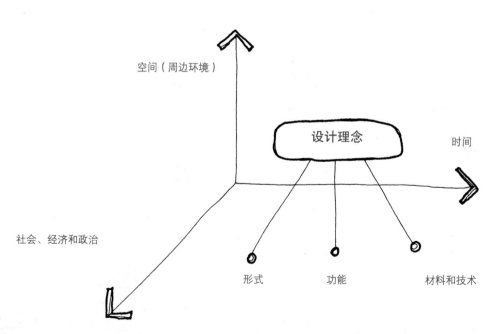

成本、时间和质量

这三个要素控制着绝大部分建筑任务。你的客户可能只能够控制两个。

假如他们需要项目迅速完工，同时又具有较高的质量，花费的成本就高。

假如他们需要高质量的项目，价格又合理，那么，就需要更长的时间来设计和交付。

假如他们需要项目的造价便宜，建造迅速，就无法保证高质量。

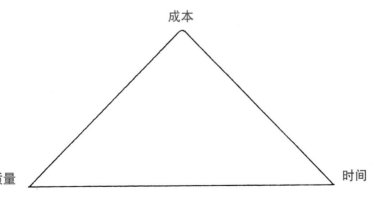

制定进度

口头汇报

　　评论是令人畏惧的，但要想成为一名建筑师，这是一个非常重要的方面。仔细规划你的汇报内容，并进行排演。以一个批评家的眼光，加上那些最重要的图纸，让你的汇报就像是在讲述一个故事。保证你的图纸在 2 米（6 英尺）以外能够看见，光照良好，安排合理，图纸边缘不卷曲，图纸布局合理。保证你的模型能够正确地展示，并且把所有的速写本都带来。

　　数字化表现更需要进行详细的规划，这样，你的解释和说明会更加具有条理性，幻灯片不会倒过来倒过去。清晰而简洁是关键。尽量避免只是简单的读幻灯片，相反更多地使用图纸进行提示。要充满勇气和信心。眼睛注视着你的批评者，享受这一时刻。找一个朋友，把关键性的问题记下来，以便你不会很快忘记有关的提问，并能够回答随后同行的评论。

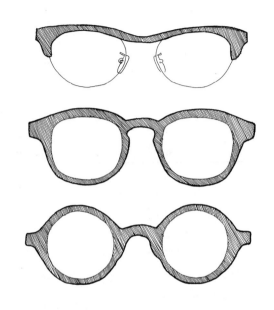

服装与样式

　　许多建筑师只穿黑色衣服。像其他人一样（如魔术师、殡仪业人员以及牧师）选择这样的制服，他们是严肃、认真和例行公事。你可以选用更具表现力、更时尚的风格。考虑一下如何装扮自己，改造一种服装风格，让人分辨不出你是一名设计师。

建筑是关于人的设计

　　许多有才华的设计师忘记了这一点，让人感到有点傲慢。我们永远不能忘记，我们是为人而设计的，必须和人在一起。建筑师需要与一个大的团队合作——包括工程师、承包商和开发商，这些人的期望和目的可能会相互冲突。结构工程师只关心结构，而电气工程师实际上只关心电缆线路，而工料测量师关注每个环节的成本，唯一全面考虑整个建筑构成的只有建筑师。

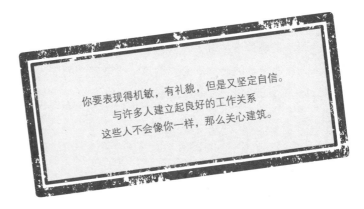
你要表现得机敏，有礼貌，但是又坚定自信。
与许多人建立起良好的工作关系
这些人不会像你一样，那么关心建筑。

但是，不要为下面这些人
工作……

学习建筑的最好方法，就是尝试设计一栋建筑。机会总会有的，但是，对于下列客户，要特别小心。

夫妻客户。注意，至少收取二倍的费用。你需要花费大量的时间，充当婚姻调解顾问的角色，在夫妻二人之间进行调和。

匪徒／夜总会，至少保留一份关键图纸，直到全部费用支付之后。

复杂的客户结构。不管是学校、公司，或者地方当局，对于这类客户都会出现这么一种倾向：逐渐发展为大型的、复杂的委员会结构。确认谁是最终决策人，只接受一个人的建议和指导。达成一致意见，需要很长的时间。必须制定一个清楚的时间表，这样，对于回答你提出的问题，会在规定期限内提供。

在规划审批阶段，开发商想要的"可行性"图纸——避免为了后期的工作的承诺而免费工作，如果你无偿提供工作，实际上是毫无价值的，为什么你要为某人的企业承担风险呢？

　　"你能不能……"。这种询问一般来自于熟人。希望你只是为他的房屋扩建画几张图，或者对他们那破旧的、杂草丛生的房子提供点建议。交朋友、提供帮助，是可以的。但是不要通过毫无报酬的工作，这会贬低你的职业教育。设定合理的费用，不要忘记职业保险保障。寻找比较富裕的客户，通过为他们设计项目，来体现你的价值。

安排你的工作量，规划你的工作重点，平衡你的生活方式

建筑学院的"信条"之一就是，所谓的通宵工作。也就是说，你整晚待在工作室做项目，靠功能性饮料和咖啡因片支撑。有时连续几个晚上这样干。这种时间可能很有乐趣，但是，效率往往不高。因此，需要对你的工作负荷认真地规划，设定每个小时计算，设定每日和每周的目标。许多学生选择 8 个小时的满负荷工作，需要拿出 2 个小时。把所有的时间都花在工作室上是不健康的，不可持续的。它会使你变得愚钝，不整洁。要吃新鲜的食物，经常洗澡，去跑步，参观艺术馆，有几个非建筑师的朋友。每天花 12 个小时以上在工作室是单调乏味的，这会影响你作为设计师和思想家的发展。

下一次评论在什么时候?

你已经离开几天啦?
每天需要完成多少张图纸或者几个模型?

151

你的观点？

本书中所提出的观点，你可能会不同意。说说你自己的想法。

所有的问题。

不要盲目追随时尚，或者信奉教条。
采取一种立场，了解你自己的想法。

致谢

这本小册子中所包含的大部分内容，都是由和我一起工作过的老师、建筑师、技术人员和客户提供的。

我要特别感谢 Souymen Bandyopadhyay, Stephen Bell, Jack Dunne, James Burke, David Dunster, Mike Knight, Barry Lewis, Bill Lowe, Emma Mitchell, Ian Nahapiet, Robert plant, David Roocroft, Anja Schade, Torsten Schneiderknecht, Ola Uduku and Anas Younes。

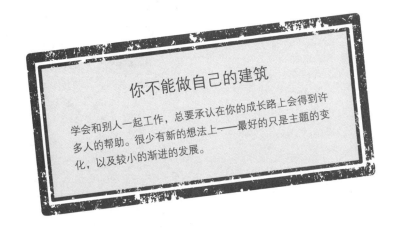

你不能做自己的建筑

学会和别人一起工作，总要承认在你的成长路上会得到许多人的帮助。很少有新的想法上——最好的只是主题的变化，以及较小的渐进的发展。

著作权合同登记图字：01–2015–5360号

图书在版编目（CIP）数据

建筑学专业学生职业生涯指南／（英）伊恩·杰克逊著；杨至德译.
北京：中国建筑工业出版社，2016.10
ISBN 978–7–112–15788–4

Ⅰ.①建… Ⅱ.①伊…②杨… Ⅲ.①建筑学－专业－大学生－
职业选择－指南 Ⅳ.①G647.38–62

中国版本图书馆CIP数据核字（2016）第159610号

本书由英国Laurence King出版社授权翻译出版

责任编辑：程素荣 责任校对：王宇枢 张 颖

建筑学专业学生职业生涯指南
[英]伊恩 ·杰克逊 著
杨至德 译
*
中国建筑工业出版社出版、发行（北京西郊百万庄）
各地新华书店、建筑书店经销
北京嘉泰利德公司制版
北京中科印刷有限公司印刷
*
开本：787×1092毫米 1/24 印张：$6\frac{1}{2}$ 字数：200千字
2016年10月第一版 2016年10月第一次印刷
定价：35.00元
ISBN 978–7–112–15788–4
（27802）